Dedykowane Kody

Czy kiedykolwiek miałeś taki dzień?

Dzień, w którym czujesz się smutny i przygnębiony?

Kiedy wolisz zostać w łóżku...

Oto, co możesz zrobić!!

SKOK SKOK SKOK

Jak karibu!

Poniedziałek to tylko kolejny dzień!

Zawsze jest za dużo pracy domowej do odrobienia!

Kiedy skończysz i będziesz mógł wreszcie bawić się na zewnątrz...

Nie możesz znaleźć swoich ulubionych butów!

Oto, co możesz zrobić!

SKOK SKOK SKOK

JAK KARIBU!

Wtedy poczujesz się szczęśliwy!

Wtedy będziesz zadowolony!

Będziesz się świetnie bawić...

jaki kiedykolwiek miałeś!

Wszystko, co musisz zrobić......

Czy SKOK SKOK SKOK!

Jak karibu!

Albo czujesz się chory na grypę!

Albo jesteś chory na grypę....

Wystarczy związać włosy (Kiedy poczujesz się lepiej!)

I SKOK SKOK SKOK

Jak karibu!

I SKOK SKOK SKOK

Jak karibu!

Założę się, że nigdy nie widziałeś smutnego karibu...

Albo smutne cielę, teraz masz?

To dlatego, że wiedzą...

dokładnie co robić!...

SKOK SKOK SKOK

JAK KARIBU!

Wtedy poczujesz się szczęśliwy

Wtedy będziesz szczęśliwy!

Będziesz się świetnie bawić...

jaki kiedykolwiek miałeś!!

Wszystko, co musisz zrobić...

Jest SKOK SKOK SKOK!

Jak karibu!

WE

KARIBU!

Seria SKOK w języku angielskim:

Jump Like a Caribou!
Jump Like a Kangaroo!
Jump at the Zoo!
Jump and Say P.U.!
Jump and Say Boo!
Jump and Say Valentine's Day Is
For Kids Too!
Jump and Look For a Clue!
Jump and Say Happy Birthday to You!
Jump For Everything Blue!
Jump, Hop and Say Happy Easter To You!
Jump and Say Cock-A-Doodle-Do!
Jump and Sing Da-Do-Do-Do!
Jump and Ask Who? Who?
Jump and Squawk Like a Cockatoo!
Jump and Ask Is It You or Ewe?
Jump and Say There's an Ewww in My Stew!
Jump and Say Merry Christmas To You!
Jump and Cheer Happy New Year!
Jump and Say There's a Moo-Moo in a Tutu!
Jump and Say There's a Hare in My Hair!
Jump and Say My Aunt Ate An Ant!
Jump and Say There's An Aardvark In The
Amusement Park!
Jump and Buzz Like a Bee!
Jump and Roar For the Dinosaurs!
Jump and Pop Like Popcorn!
Jump and Ribbit Like a Frog!

Jump and Snore Like a Koala!
Jump and Snuffle Like a Platypus!
Jump and Grunt Like a Groundhog!

Seria Clap
Clap for 1!
Clap for 2!
Clap for 3!
Clap for 4!
Clap for 5!
Clap for 6!
Clap for 7!
Clap for 8!
Clap for 9!
Clap for 10!

Inne książki dla dzieci:
The Cat Who Said Hello
The Three Boulders
Billy Shakespeare
Billie Shakespeare
Learn To Draw With Symmetry
ABC's and More Learn to Draw With Symmetry

Literatura faktu
103 Fundraising Ideas For Parent Volunteers With Schools
and Teams